Conrad von Rolandeck

Der allerneueste Gott

oder Räuber Pabiolini in Hattisheim Fortsetzung der Broschüren Der alte Gott

Conrad von Rolandeck

Der allerneueste Gott
oder Räuber Pabiolini in Hattisheim Fortsetzung der Broschüren Der alte Gott

ISBN/EAN: 9783743487376

Hergestellt in Europa, USA, Kanada, Australien, Japan

Cover: Foto ©ninafisch / pixelio.de

Manufactured and distributed by brebook publishing software
(www.brebook.com)

Conrad von Rolandeck

Der allerneueste Gott

Der
allerneueste Gott

ober

Räuber Pascolini
in Hattisheim.

Fortsetzung der Broschüren:
„Der alte Gott“ u. „Der neue Gott“
von
Conrad von Rolandeck.

Es gibt schlechte Schreiber und Heuler,
die das Volk dumm machen.
Jeremias 98, 17.

12. Auflage.

Würzburg.
Verlag von S. Gätschenberger.
1872.

Was dem braven Kraft von Hattisheim vorm Gericht in der Stadt passirt ist.

Der gestrenge Amtmann hatte wirklich den Fritz Kraft bei Gericht angezeigt, weil er auf dem Anger beim Hirschenwirth in Hattisheim seinen Mitbürgern auseinandergesetzt hatte, daß der Staatsgötze der neue Gott sei, der die Gewissensfreiheit knechten, die Religion unterdrücken, die Seelen verderben, den alten Gott vom Throne stürzen und aus seiner Weltherrschaft vertreiben wolle. „Vom Landesvater verlange man, daß er ein gottloser Heide gegen die göttliche Wahrheit der Unfehlbarkeit werde, ein Tyrann gegen seine Unterthanen"; hatte Kraft weiter behauptet und als ihm der Amtmann darauf zu schweigen befahl, hatte er im Vertrauen auf seinen Anhang dies Gebot und die Gensdarmen verachtet und nur noch heftiger aufbegehrt und unter Andern gesagt, daß der Staatsgötze die Offenbarungen des alten Gottes beschneiden, zustutzen und ganz unterdrücken wolle, heute schon entziehe er in den Schulen den Kindern das geistige tägliche Brod, die religiösen Wahrheiten, vertreibe die Geistlichen aus den Schulen, suche ihnen die Be-

solbung vorzuenthalten aus dem Gelde, das
der Staat der Kirche geraubt. Dann hatte
Kraft die Bauern gewarnt, Sclaven des Für=
sten, Knechte des neuheidnischen Staatsgotts
zu werden und aufgefordert, zur Nothwehr zu
schreiten, denn nirgends stehe in der Bibel,
daß die Prediger den König oder freimaurerische
Minister erst fragen sollten über das, was sie
zu predigen gedächten, Gott sollten sie gehor=
chen, aber nicht Fürsten und Regierungen, die
Gottes Feinde seien. „Nieder mit dem Staats=
götzen," hatte Kraft geschlossen, nachdem er
noch behauptet, daß der Papst gefangen, die
Bischöfe gemaßregelt, die gewissenhaften Priester
abgesetzt, die Predigten des göttlichen Worts
verboten, die Geistlichen aus den Schulen ver=
trieben seien. Dadurch hatte er den Ort Hat=
tisheim in große Aufregung und Unruhe ver=
setzt und beinahe einen Aufstand bewirkt, wie
vor ein paar Jahren zu Traunstein einer vor=
gekommen. Deshalb hatte er sich nun heute
vor Gericht zu verantworten. Aufforderung
zum Ungehorsam gegen die Obrigkeit, Verbreit=
ung falscher Nachrichten zur Beunruhigung der
Staatsbürger waren die Anklagepunkte.

Kraft hatte sich in seine neumodischen Klei=
der geworfen, seine schwere goldene Kette um=
gehängt und war mit einigen seiner Entlast=
ungszeugen im eigenen Wagen nach der Stadt
gefahren. Aber so ruhig er sich auch stellte, so
anscheinend gleichgültig er seine Bremer Cigar=

ren in die Luft blies, merkte man doch, daß
die bevorstehende Verhandlung ihm nichts we=
niger als angenehm war. Während er im
Wirthshaus, beschützt von den Bauern, so viel
Muth gezeigt, war er jetzt kleinlaut, als es
galt, vor den Richtern seine Worte zu vertreten.
Verschiedene Male äußerte er seine Verwunde=
rung, daß man ihn, der doch ganz unschuldige
Reden geführt, vor Gericht stelle und schien
zufrieden, wenn die Zeugen, indem sie eine
angebotene Cigarre rauchten, zustimmend nickten.
Aber diese Zeugen fanden es vor Gericht für
gut, um sich sicher zu stellen, zu erklären, sie
könnten sich auf Wirthshausgespräche, da viel
getrunken worden sei, nicht mehr erinnern, und
so nützten ihre Aussagen dem Angeklagten gar
nichts; Kraft wurde ganz kleinlaut wegen der
ihm bevorstehenden Strafe und gedrängt vom
Amtmann und den Gensdarmen, die auf ihren
Diensteid bekräftigten, daß der Angeklagte diese
Ausdrücke gebraucht habe, mußte er es zuletzt
selbst zugestehen. Der Richter, zum Glück für
Kraft, ein sehr milder Mann, der weniger da=
rauf ausging, den Angeklagten in die verdiente
schwere Strafe zu bringen, als ihm für die
Folge eine Lehre zu geben und religiöse Duld=
ung und Frieden zu befördern, forderte ihn
auf, auszusagen, wo denn in Bayern oder in
Deutschland überhaupt die Gewissensfreiheit, die
Religion unterdrückt worden; wo die Geistlichen
aus den Schulen vertrieben worden seien; wo

der Kirche die Staatsbesoldung vorenthalten
werde? Kraft möge weiter angeben, welche
Bischöfe gemaßregelt, welche gewissenhaften Priester abgesetzt worden, welche Predigten verboten
worden seien? Als er Beweise vorbringen sollte,
mußte der sonst so großmäulige Fritz Kraft
nichts zu erwidern, als daß man im Reichstag
einen Zusatz zum Strafgesetzbuch durchgebracht
habe, kraft dessen man Geistliche wegen ihrer
Predigten vor Gericht stellen könne und daß
Bismarck die Schulaufsicht den Laien übergeben
wolle. Der Richter aber belehrte Kraft, daß
auch für die Zukunft jeder Geistliche in Reli-
gionssachen predigen könne, was er wolle, und
nur, wenn er politische Aufreizungen, die nicht
auf die Kanzel gehörten, sich erlaube, er zur
Verantwortung gezogen werden könne; denn
auch der Geistliche dürfe nicht über dem Gesetz
stehen, auch er sei ein Mensch, wie andere, im
Lande geboren, erzogen und vom Lande erhalten und müsse den Landesgesetzen gehorchen.
Was die Schulaufsicht betreffe, so habe die
preußische Regierung, weil die Geistlichkeit in
Posen und Oberschlesien sich mit den Polacken
verbunden habe, die deutsche Sprache aus den
Schulen zu entfernen, sich das Recht gewahrt,
auch andere Schulaufseher, als Geistliche an-
stellen zu dürfen und überhaupt habe der Staat
und die Familie auch mitzureden bei Erziehung
der Kinder. Man wolle weder in Bayern, noch
in Preußen die Geistlichen aus den Schulen

hinauswerfen, sondern sie nur nicht allmächtig
darin herrschen und die Kinder so erziehen
lassen, daß sie zwar gläubige, freigebige Schäf=
lein der Kirche, aber schlechte und unbrauchbare
Staatsbürger werden, wie überall, wo die Je=
suiten die Erziehung in der Hand haben.

Die Geistlichkeit habe vor Jahren auch so
furchtbar gegen das neue Schulgesetz in Baden
getobt, da es aber nichts hälf, sei sie doch dem
Ortsschulrath beigetreten und kein Hahn krähe
mehr darnach, wohl aber seien die Bauern
dort jetzt recht zufrieden mit ihren besseren
Schulen.

„Wie kommen Sie dazu, Herr Kraft, fuhr
der Richter fort, unserer Regierung vorzuwer=
fen, sie bedrücke die Religion und die Bischöfe?
Läßt sie denn nicht in Religionsachen die
Geistlichkeit lehren und verkünden, was sie nur
immer will? Hat sie je einen fanatischen Eiferer
für die Unfehlbarkeit entsetzt, nicht im Gegen=
theil erst unlängst einen der ärgsten zum Gym=
nasialprofessor befördert? hat sie je eine Klage
der Eltern deßhalb berücksichtigt, ja selbst eine
Interpellation beantwortet, welche Kammermit=
glieder deßhalb gestellt haben?

„Und eine solche Regierung, die so parteiisch
für die Kirche ist, die sich von den Bischöfen
gleichsam auf der Nase herumtanzen läßt, da
diese sich an das königliche Bestätigungsrecht
gar nicht kümmern und Regierungs=Verbote
gar nicht beachten, schmähen Sie? Welchem

Bischof hat denn Herr v. Lutz seine zehn oder zwanzigtausend Gulden genommen? von welcher Hochschule hat er die Jesuiten entfernt? welche Klöster oder Seminarien hat er denn aufgehoben? entstehen denn nicht täglich neue Klöster und kirchliche Verbindungen unter allen möglichen Namen? Halten die Jesuiten nicht jeden Tag noch Missionen? Thut denn der Staat gar nichts für die Kirche, gibt er nicht Millionen jährlich für Bischöfe, Domcapitel und Geistliche aller Art aus, deren Gehalt er aufgebessert statt beschnitten hat? Und nur, weil der Minister ein paar tapfere unschädliche Reden gehalten hat, ohne Thaten folgen zu lassen, schmähen die Geistlichen den Staat! Sind diese Schmähungen in schwarzen Blättern und den zahllosen Flugschriften von Stolz und Bolanden nicht Beweis genug, wie frei die Kirche bei uns ist? Sie kann alles thun, der Staat wehrt ihr nichts; nur das kann er beim besten Willen nicht, daß er nach Italien marschirt und den umgefallenen päpstlichen Stuhl wieder aufrichtet, oder daß er den Polizeidiener macht für die Geistlichen und Jeden einsperrt und straft, der nicht die neuen Lehren glaubt, die sie zu glauben befehlen, nachdem die Bischöfe selbst so lange gegen diese Lehre aufgetreten sind. Früher hat die Geistlichkeit geherrscht auch in weltlichen Dingen, jetzt will sich der Staat (nicht nur der König, sondern auch das Volk durch seine Abgeordneten) keine geistliche

Vormundschaft mehr gefallen lassen. Daher die
Bosheit." Kraft wußte auf diese Reden des
Richters nichts zu erwidern und sah sich schon
im Geiste ein Jahr lang im Gefängniß, auch
die andern Bauern blickten ängstlich sich an.
Zum Glücke erkannten Richter und Staatsan=
walt, daß die aufrührerischen Reden, die Kraft
gehalten, nicht auf seinem Miste gewachsen,
sondern ihm von dem adeligen Gründer der
Bauernvereine der Umgegend in den Mund
gelegt worden waren, da ganz dieselben Redens=
arten auch von Gesellenvereinlern und Hand=
werkern auf katholischen Volksversammlungen
heruntergehaspelt wurden, denen sie die Geist=
lichen vorher auswendig gelernt hatten. Zu=
dem hatte sich beim Beginn der Verhandlung
herausgestellt, daß Kraft sein schönes Gut in
Hattisheim vom Gelde eines reichen Domherrn
gekauft hatte, bei dem seine verlebte Mutter
Haushälterin gewesen war; da der geistliche
Herr dem Fritz Kraft 20,000 Gulden und die
goldene Kette, die er jetzt trug, hinterlassen
hatte, so fand das Gericht darin einen Milde=
rungsgrund für die große Kampflust des An=
geklagten zu Gunsten der Kirche und verur=
theilte ihn nur zu acht Tagen Gefängniß und
Tragen der Kosten.

Gern hätte Kraft das Gefängniß und die
Kosten getragen, wären nur nicht durch die
Verhandlung seine Familienverhältnisse den
Hattisheimern bekannt geworden. Die große

Achtung, die er seit sechs Jahren besessen, als
er in's Ort kam und sein Gut dort kaufte und
gleich baar bezahlte, mußte jetzt schwinden,
seitdem die Hattisheimer wußten, daß er der
Sohn einer „Pfaffenköchin" war und all sein
Geld und die schwere goldene Kette, um die er
so oft beneidet worden war, von einem Domherrn abstammten, der mit seiner Mutter „be-
freundet" gewesen.

Die Frechheit der Freimaurerloge und was dem Eiben-Matzi und Heller's Franz dort zugestoßen.

Doch ließen die Hattisheimer Zeugen ihrem
reichen Mitbürger nichts von dem Eindrucke
merken, den diese Entdeckung auf sie gemacht;
im Gegentheil, sie suchten den durch die Verhandlung und das Urtheil Niedergebeugten
durch mancherlei Trost aufzurichten; denn sie
wußten, daß Kraft seine Entlastungszeugen im
Wirthshause gut bewirthen werde. Darum
meinten sie, „acht Tage sei ja keine Ewigkeit;
er bleibe doch, was er sei" und dergleichen und
ließen sich von ihm in's Gasthaus zur „Him-
melspforte" führen. Der Name mochte den
frommen Kraft angezogen haben, um so mehr
erschracken die Bauern, als Kraft auf seine
Frage, ob denn eine Hochzeit gefeiert werde,
weil das Haus so geschmückt sei, die Antwort

von oberen Kellnern erhielt: die Freimaurer
feierten heute die Gründung ihrer Loge durch
einen öffentlichen Umzug und ein Mittagessen.
Was, die lichtscheuen Freimaurer, von denen
Bolanden behauptet, daß sie außerhalb der
Stadt ein entlegenes Haus hätten, wo sie sich
nächtlicher Weile als Verschwörer versammelten,
hätten also mitten in der Stadt, in der gang-
barsten Straße, in einem öffentlichen, besuchten
Wirthshause ihre Loge und scheuten sich gar
nicht, sich in einem öffentlichen Umzuge aller
Welt zu zeigen. Das schien den Bauern un-
begreiflich. Sie hatten erst vor einigen Tagen
in der Postzeitung und dem Volksboten gelesen,
daß die Freimaurer die Directoren der katholischen Abtheilung in Berlin, Aulicke und
Brüggemann, durch Thee vergiftet hätten, daß
Professor Döllinger, Friedrich, Reinkens, Huber,
Anton ꝛc. unter die Freimaurer und Liberalen
gegangen seien, daß diese nicht allein jede Religion ausrotten, sondern durch Orsinibömbchen
und losgehende Briefcouverte den Papst und
die Cardinäle tödten wollten, und Steine auf
die Schienen legten, wenn katholische Volksversammlungen unter Wegs seien—und solche
Leute, gegen welche die Pariser Commune und
Petroleusen unschuldige Lämmer, wagten sich
offen zu zeigen! Das konnten die Bauern kaum
begreifen und beschlossen, die Gelegenheit zu
benützen, um diese furchtbaren Menschen sich
in der Nähe anzuschauen, von denen sie schon

so viel Schreckliches gehört, die sich gleich Doctor
Faust mit Haut und Haar dem Teufel ver-
schrieben hatten, der sie jederzeit holen dürfe,
wenn sie etwas ausplauderten oder der Hölle
nicht zu Gefallen lebten. Nachdem sie durch
einige Flaschen Wein sich Muth getrunken,
frugen die zwei verwegensten der Bauern, der
Eiben-Ratzi und der Heller's Franz, die Kellnerin, ob sie ihnen nicht einen Blick in das
Zimmer der Freimaurer thun lassen wolle, sie
würden gern einen halben Gulden geben, wenn
sie den schwarz ausgeschlagenen Versammlungssaal mit den vielen Dolchen, Todtenschädeln
und Särgen sehen könnten, besonders aber den
rothen Stuhl, auf dem der Teufel bei den
Versammlungen Platz nähme. Die listige Kellnerin verbarg ihr Lächeln und vertraute ihnen,
daß allerdings der Teufel durch ein stets offen
gehaltenes Fenster in das Zimmer flöge und
bei den Versammlungen auf dem Ehrensessel
Platz nähme, sie habe schon mehrmals sein
Poltern vernommen und Rauch und Flammen
im Zimmer gesehen; wenn die Herren Muth
hätten, ihr zu folgen, wolle sie sie durch's
Schlüsselloch des anstoßenden Zimmers einen
Blick in den Versammlungssaal werfen lassen.

Ihre Angst verbergend, aber klopfenden
Herzens, folgten der Eiben-Ratzi und der Heller's
Franz der Kellnerin die Treppen hinauf in den
ersten Stock des Hauses, und dann durch eine
Reihe Zimmer in ein Cabinet, das an den

Versammlungssaal der Freimaurer anstieß. Natzi drängte sich zuerst an's Schlüsselloch und ein Grausen überfiel ihn, als er zu seinem Schrecken im Saal einen furchtbaren Rauch, aus dem von Zeit zu Zeit Funken sprühten, sah, der Teufel mußte gekommen sein, Heller's Franz drängte sich gleichfalls an's Schlüsselloch, um das Rauchen zu erschauen. Die Bauern vernahmen deutlich eine Stimme, die da sprach: „was Teufel hast du gemacht?" Da zitterten sie an allen Gliedern, so daß sie die Flucht gar nicht ergreifen konnten, sie verwünschten ihre Neugierde, die sie in die Nähe des Teufels gebracht, der ihnen den Hals umdrehen werde, sobald er bemerke, daß sie ihn belauscht hätten, da, o Schrecken! sie mußten entdeckt sein; denn die Thüre wurde mit einemmale aufgerissen und ein höllischer Rauch hüllte sie ein; Franz wurde durch die Thür, mehr noch durch den Schrecken, umgeworfen und bat mit der größten Beredsamkeit den Teufel, seiner zu schonen; Natzi aber bekreuzte sich ein über das andere Mal und schrie kläglich: „alle guten Geister loben den Herrn!"

Allmälig verzog sich der Rauch und die beiden Bauern erblickten — nicht den Teufel, sondern einen ältlichen, gutmüthigen Herrn, der sich vor Lachen nicht halten konnte, als er der jämmerlichen Angstmänner ansichtig wurde, die immer noch um Erbarmen flehten. Es war einer der Freimaurer, der das Lokal ein=

sehen wollte und gerade dazu kam, als der
Diener, der den Saal mit Wachholder zu
räuchern hatte, den furchtbaren Qualm hervor-
gebracht hatte, der die Bauern so beängstigte.
Er hatte darauf zum Diener gesagt: „was
Teufel hast du gemacht?" und die Thüre zum
Cabinet aufgerissen, um den Rauch hinauszu-
lassen, was alles die Bauern für Höllenwerk
gehalten hatten, „für Flügelschläge aus der
Tiefe." Der Freimaurer stellte bald sein Lachen
ein und sprach ernst zu den Bauern: „Die
Angst, die Ihr ausgestanden, indem Ihr mich
für den Teufel und den unschuldigen Wach-
holderrauch für höllischen Schwefeldampf gehalten, ist eine gerechte Strafe dafür, daß ihr
jedes Gerede Eurer Geistlichen glaubt und
Euch dies weiß machen laßt, als ob ihr kleine
Kinder wäret. Jetzt sind die Feimaurer das
Schreckbild, mit dem sie euch in's Bockshorn jagen,
der Köder für die geistliche Bauernfängerei.
Wir sollten die katholische Kirche, das Kreuz
und auch die Throne mit Stumpf und Stiel
auszurotten beabsichtigen, mit Dolch und Gift
gegen sie wüthen? Und ihr Bauern glaubt
den Unsinn, warum solltet ihr nicht? Gibt es
ja auch in der Stadt Leute, die noch beschränk-
ter sind. Ist ja unser gutmüthiger Wirth zur
„Himmelspforten" aus einer Bruderschaft, der
er jahrelang angehörte, deswegen ausgestoßen
worden, weil er uns den Saal hier vermiethet
hat. Eure Geistlichen sagen Euch freilich nicht,

daß der Freimaurerorden ein Bund von Män=
nern aller Religionsbekenntnisse ist, der nur die
Tugend, die Ausübung uneigennütziger Näch=
stenliebe bezweckt, und dem die edelsten Männer
der Nation, vom Kaiser und Kronprinzen des
deutschen Reiches an, angehören. Die Geistlichen
sagen euch nicht, daß der Papst Pius IX., als
er noch weltlich, ja selbst noch, als er in Süd=
amerika lebte, dem Freimaurerbund sich zugesellt
hatte, daß schon im vorigen Jahrhundert in
Rom, unter den Augen des Papstes, sich eine
Freimaurerloge befand, daß zwei solche unter
der Herrschaft des geistlichen Churfürsten in
Aschaffenburg bestanden, daß mehrere geistliche
Mitglieder des churfürstlichen Hofes, daß auch
in Würzburg der menschenfreundliche geistliche
Rath Oberthür Freimaurer war, daß schon
vor 60 Jahren die Freimaurer ein Versamm=
lungslokal in Würzburg hatten, daß überhaupt
so lange, als die Jesuiten aufgehoben waren,
die Geistlichkeit nichts gegen die Freimaurer
einzuwenden hatte. Jetzt sind aber die Jesui=
ten wieder am Ruder und diesen paßt die
gegenseitige Duldung und Menschenliebe nicht,
die wollen entzweien und Haß säen, um herr=
schen zu können."

„Ihr aber, ihr Bauern, seht uns zu, wenn
wir jetzt durch die Straßen unsern Zug halten;
wenn ihr einen unter den Freimaurern findet,
der nicht ein treuer thätiger Bürger, ein guter
Gatte und Vater, ein Mann von unbescholtenem

Lebenswandel ist, dann glaubt euern Geist=
lichen; findet ihr aber, daß nur Ehrenmänner
dem Freimaurerbund angehören, dann sagt eueren
geistlichen Herren, daß sie euch auch diesmal,
wie so oft, belogen haben. Adieu!"

Und der Freimaurer schloß die Thüre, die
Bauern aber schlichen sich beschämt wieder in
das Wirthszimmer.

Es währte nicht lange, so setzte sich der
Zug der Freimaurer in Bewegung und die
Bauern konnten vom Fenster des Wirthszim=
mers sich alle Mitglieder genau anschauen. Sie
hatten Bassermannische Schreckensgestalten mit
Heckerhüten oder in rothen Garibaldihemden
zu sehen erwartet, statt dieser erschienen im
schwarzen Anzuge die reichsten und angesehen=
sten Kaufleute und Banquiers der Stadt, bei
denen sie so oft ihr Eisen oder Baumwollen=
waaren gekauft, oder Geld geholt hatten und
die sie als Männer kannten, die sie nie über=
vortheilt und nie gedrückt hatten, wenn sie ein=
mal nicht zahlen konnten. Das sollten also die
Revolutionäre sein, die Thron und Altar umwer=
fen wollten. Das Erstaunen der Bauern mußte
auch Andern aufgefallen sein; denn neben ihnen
erscholl eine Stimme: „Ja, ihr Landleute, be=
trachtet euch diese Männer nur und vergleicht
selbst, ob sie zu dem Porträt passen, welches
der von den Jesuiten bezahlte Schmierer in
den Hetzschriften: „Der neue Gott" und „Kelle

und Kreuz" von den Freimaurern entwirft.
Glaubt ihr im Ernst, daß diese Kaufleute, diese
Bürger aller Stände von Besitz, Ansehen und
Beliebtheit ihr Streben, ihre Kräfte darauf gerichtet haben, den Thron umzustürzen und eine
Universal-Republik mit Freiheit im Genuß oder
eine Commune einzuführen, damit ihr Eigenthum
auch getheilt, ihre ganze Existenz in Frage gestellt würde? Da wüßt' ich andere Leute, selbst
Bischöfe, die Throne umstürzen wollen, um selbst
zu regieren. Aber rechtliche, schlichte Bürger,
die sich durch ihren Fleiß emporgeschwungen,
sind nicht als Unruhstifter zu betrachten, die
beim Umsturz des Bestehenden etwas zu ge-
winnen haben. Die Freimaurer gehören allen
Glaubensbekenntnissen an, sie haben aus eigener
Erfahrung zur Zeit, als die Jesuiten herrschten,
den Werth der Duldung kennen gelernt und sind
weit davon entfernt, Andere zu ihren Knechten zu
machen, sie in rechtliche Sclaven zu verwandeln.
Ebensowenig wird dies der bejahrte thüringische
Dichter dort wollen, der als Gast der Feier
beiwohnt und sein ganzes Leben der Aufklärung
und Menschenliebe geweiht hat. Diese Männer
wollen nur verhindern, daß sie selbst wieder
Sclaven werden, was geschehen würde, wenn
die Jesuiten neuerdings an's Staatsruder
kämen. Deßhalb gehen sie zu den Freimaurern und Liberalen, die Jeden ehren, weß
Glaubens er sei, wenn er nur redlich und
menschenfreundlich ist."

2

Friz Kraft hatte sich bei diesen Worten umgekehrt, indem er unwillig ausrief: „Wer hält denn hier den Freimaurern eine solche Lobrede?" Da erblickte er einen ehrwürdigen Greis mit langem grauen Lockenhaare, der ruhig erwiderte: „Sie fragen, wer ich sei, ich werde mir erlauben, Ihre Neugierde zu befriedigen, sobald der Zug vorüber ist."

Wie die Bauern die Bekanntschaft eines theologischen Professors machten und was der ihnen Alles erzählte.

Als der Aufzug vorbei war und die Menschenmenge sich verlaufen hatte, setzte sich der Greis neben Friz Kraft und sprach: „Ich bin, oder vielmehr ich war, theologischer Professor in Bonn am schönen Rhein. Mein Alter sagt Ihnen, daß ich nicht in den neuen jesuitischen, sondern in jenen geistlichen Bildungsanstalten erzogen wurde, die noch von den aufgeklärten rheinischen Kirchenfürsten des vorigen Jahrhunderts herrührten, welche als Feinde der Jesuiten sich bekannten. Das waren Bischöfe von deutschem Adel, die ihren Werth fühlten, zwar den Vorrang des Papstes anerkannten, aber nie seine Commis geworden wären, wie die jetzigen, sondern als deutsche Bischöfe sich

dem römischen Bischof gleichberechtigt hielten,
in Ems ernstlich daran dachten, die italienischen
Anmaßungen abzuschütteln und eine deutsche
Kirche zu gründen. Ach! wie ist das jetzt anders
geworden am Rhein und in Westphalen, besonders seitdem die Regierung den Jesuiten
freien Spielraum ließ und nur offenkundige
Jesuitendiener und Jesuitenzöglinge Erzbischöfe
und Bischöfe hat werden lassen! Wie nahm seitdem die Verdummung des Volkes zu, wie wurden
die Gymnasien des Staats als Teufelsanstalten
verdächtigt, durch die Presse, Casino's, Ge-
sellenvereine, Versammlungen und das Wirken
der zahllosen Jesuiten-Niederlassungen am Laacher
See, in Münster, Paderborn u. s. w. die Massen
bearbeitet, so daß sie jetzt auf Befehl des
päpstlichen Nuntius bei Wahlen und andern
Gelegenheiten als blinde Marionetten tanzen,
wie im Hänneschentheater zu Cöln!"

„Da die deutschen Bischöfe am Grabe des
heiligen Bonifaz versprochen hatten, keine neuen
Lehrsätze aus Rom mitzubringen, nachdem der
Bischof Ketteler von Mainz auf den Knieen
den Papst beschworen hatte, doch das unglück-
liche Dogma von der Unfehlbarkeit aufzugeben,
und die meisten deutschen Bischöfe dagegen gestimmt hatten, so glaubten wir Professoren,
man werde uns nach unserem bisherigen Ka-
techismus fortlehren lassen, aber das geschah
anders. Nach längerem Besinnen (der Fürstbischof von Breslau besann sich über ein Jahr)

fanden sie es für gut, ihre Privatmeinungen,
ihre Würde zu opfern, angeblich der Einheit
der Kirche zu lieb, in der That aber, weil sie
ihre Entsetzung durch die den Papst beherrschen-
den Jesuiten fürchteten, wenn sie nicht folgsam
sich erwiesen. Das Hungerdogma hat ebenso
auf die Bischöfe gewirkt, wie auf die ärmsten
Pfarrer, Niemand wollte seinen Sitz, sein Einkommen verlieren, was soll ein der Armuth
entgegengetriebener Geistlicher beginnen? Die
Bischöfe beschlossen also, durch großen Eifer
vergessen zu machen, daß sie so lange gegen
die Unfehlbarkeit waren und die Hetzjagd begann gegen alle Geistlichen, die nicht so leicht
wie ihre Vorgesetzten ihre Meinung ändern
wollten, sie begann sogar gegen zarte Weiber,
die männlicheren Charakters waren, als ihre
übergelaufenen Oberhirten. Der Fluch, den
die Jesuiten über Jeden ausgesprochen hatten,
der ihre Unfehlbarkeit nicht anerkennt, sollte
Kraft in der Praxis erhalten."

"Ich habe mit angesehen, liebe Freunde,
fuhr der Professor fort und eine Thräne strahlte
in seinem Auge, wie man die Oberin im Jo-
hann-Spital der barmherzigen Schwestern zu
Bonn, ein Fräulein von Lasaulx, deren Bru-
der als Professor in München so viel für die
katholische Kirche einst wirkte, eine Dame, die
länger als dreißig Jahre durch Nächstenliebe
und Entsagung die Bewunderung Aller, der
Niedrigsten wie der Höchststehenden, sich er-

worben hatte, wie man diese Dame, obgleich
sie lebensgefährlich erkrankt war, aus dem
Hause warf, wie eine Pestkranke, weil eine
als Spionin der Jesuiten dienende Nonne ihr
das Geständniß abgelockt hatte, sie glaube nicht
an die Unfehlbarkeit des Papstes. Man hat
die Sterbende dann in Vallendar bis zu ihrem
Ende durch Bekehrungsversuche gequält, aber
sie blieb standhaft. Die lieblosen Nonnen zogen
der Todten das Ordenskleid aus und schickten
den Sarg ohne alle Begleitung zur Gruft.
Die Fürstin von Wied, über diese Barbarei
der frommen Schwestern empört, ließ den Sarg
öffnen, und legte erschüttert einen Kranz auf
die von Allen verlassene Leiche. So bis über's
Grab hinaus geht der Haß der Jesuiten, Ver=
söhnung gibt's nicht mit ihnen, nur Unter=
werfung."

„Uns Professoren hat der Erzbischof Melchers
einfach erklären lassen, wir hätten uns dem
Unfehlbarkeitsdogma zu unterwerfen, es zu leh=
ren und wissenschaftlich zu begründen. Als wir
ihm vorstellten, daß das nicht ginge, entzog er
uns einfach die geistliche Mission und damit
unser Amt und unser Einkommen. Weil ich
meinen Glauben nicht ablegen wollte, wie einen
alten Rock, bin ich jetzt brodlos und deßhalb
nach Bayern gereist, wo ich Verwandte habe,
um zu sehen, ob ich nicht in einem Privat=
Institut eine Stelle finden kann. Hier habe
ich diese Freimaurer kennen gelernt; es ist

traurig für einen alten Mann, der so eifrig
der Kirche gedient hat und auf dessen Charakter
kein Mackel lastet, im Alter vor die Thüre
gesetzt zu werden! Und dann beklagen sich diese
Bischöfe, daß sie, das heißt die Kirche bedrückt
und gemaßregelt würden, während im Gegentheil sie die übermüthigen Bedrücker sind und
der niedere Clerus rechtlos ist, ja sie ihre An-
maßung auch den Laien gegenüber zeigen, denen
sie Trauung und Begräbniß versagen, wenn
diese nicht den Unfehlbarkeitsschwindel bekennen.
Und nicht unser Bischof allein, auch der Fürstbischof
von Breslau hat die charakterfestesten Lehrer,
die Blüthe des schlesischen Clerus ausgestoßen,
der neu ernannte Primas von Polen, der Bischof von Limburg, die von Bayern, Alle zwingen sie ihre Geistlichen, die Gymnasiallehrer,
die Lehrer, in Töchterschulen sogar, sich dem
Dogma bei Strafe der Entsetzung und Ex-
communication zu unterwerfen. Wer ist da der
Bedrückte, wer der Bedrücker? Und wenn der
Staat einer Gemeinde, wie z. B. in Mehring,
auf ihren Wunsch den Pfarrer läßt, der nicht
an die Unfehlbarkeit glaubt, dann reichen die
Bischöfe Beschwerden an die Kammer ein, als
ob die Regierung ihnen das schreiendste Un-
recht zugefügt hätte. Ganz die Fabel vom
Lamm, das dem Wolf das Wasser trübte.

Und wie hätten wir Universitätslehrer das
Unfehlbarkeitsdogma, das die gelehrtesten Ka-
tholiken, wie Döllinger, in seiner Lächerlichkeit

und Gefährlichkeit so vernichtend beleuchtet
haben, begründen können? Hätten wir es auch
machen sollen, wie jene Schreiber, welche die
Jesuiten bezahlen, um sogenannte Volksschrif=
ten, immer nach derselben Schablone zu schrei=
ben, in denen immer ein edler Jesuit oder ein
auf die Unfehlbarkeit schwörender Geistlicher,
ein reicher Adeliger oder Gutsbesitzer, nebst
blindgläubigen Bauern die guten Fridoline,
dagegen die bösen Dietriche Advokaten, Amt=
männer, Regierungsbeamte, Freimaurer sind?
In diesen sogenannten Erzählungen für's Volk
können die Jesuiten den Bauern leicht ein X
für ein U vormachen, das Volk, für das sie
geschrieben werden, kann die Verdrehungen und
Entstellungen nicht so durchschauen, dafür hat
die Geistlichkeit durch Verwahrlosung der Schu=
len gesorgt. Wie sie den Papst einen Ge=
fangenen heißen, während dieser doch selbst er=
klärt hat, daß es sein freier Wille ist, seinen
Palast mit seinen großen Gärten nicht zu ver=
lassen, so behaupten sie auch, er sei gar nicht
für unfehlbar erklärt, nur in Sachen des Glau=
bens und der Sitten entscheide er, bringe auch
keine neuen Glaubenslehren auf, als ob das
nicht geschehen sei und als ob unter Sitten
nicht alles verstanden werden kann, was das
bürgerliche Leben berührt! Wäre der schlichte
Bauer mit der Geschichte bekannt, so würde
er einem solchen Hetzschriftenmacher erwidern:
„Allerdings hat es Päpste gegeben, die als

Irrlehrer von der Kirche verdammt wurden,
wie Honorius I. und andere, auch Einer von
den beiden Päpsten Clemens XIV. oder Pius VII.
muß ein Irrlehrer gewesen sein; denn Ersterer
schaffte den Jesuitenorden als gemeinschädlich
und gegen das Christenthum verstoßend für
immer ab und Pius stellte ihn wieder her wegen
angeblicher Sittlichkeit und Religiösität der Jesuiten. Die Bischöfe in Verbindung mit dem
Papst hatten früher die oberste Entscheidung,
jetzt aber hat sie der Papst allein, der die von
den Aposteln überkommene Offenbarung oder
Unterlage des Glaubens allerdings umgestoßen
und ganz neue Lehren verkündet hat. Daß sich
der Papst um weltliche Dinge nichts beküm-
mert, ist eben so unwahr, als daß der Jesuitenorden uneigennützig ist. Letzterer ist genug
durch Scandalprozeße in Belgien und ander=
wärts der Erbschleicherei überwiesen und was
den Papst betrifft, so haben sie lange genug
Länder und Welttheile verschenkt und Fürsten
abgesetzt, haben auch die Meinung verbreitet,
daß die Päpste wie Christus von ihren Müttern
durch die Ueberschattung des heiligen Geistes
empfangen würden, also eine Art Gottmenschen
und Mittler zwischen Gott und Menschen seien,
denen alle Gewalt im Himmel und auf Erden
verliehen sei. Diese Vergötterung der Päpste
hat schon Stephan V. im Jahre 886 verkündet
und Pius IX. ist nur in seine Fußstapfen getreten, wenn er sich zum Unfehlbaren machte.

Die Päpste halten sich also nicht für sündige, irrthumsfähige Menschen, sondern wenigstens für Halbgötter, verfolgten oder verfolgen heute noch ganz andere Pläne, als nur die geistlichen Pflichten ihres Oberhirtenamts zu erfüllen. Thäten sie weiter nichts, so würden sie in Friede mit allen Staaten leben."

Die Bauern hörten aufmerksam dem Professor zu. Nur Fritz Kraft ward ungeduldig, stand auf und trommelte an den Fensterscheiben. Der Professor aber ließ sich nicht stören und, indem er zwei kleine Schriftchen aus der Brusttasche zog, fuhr er fort:

„Ihr kennt wohl dieses Geschreibsel. Man hat es tausendfach auf dem Lande verbreitet. Es ist betitelt: „Der alte Gott" und will beweisen, daß Napoleon I., der die katholische Religion wieder hergestellt hat, welche die Revolution, eine Folge der Habsucht und Genußsucht des Adels und der Geistlichkeit, abgeschafft hatte, deßhalb zu Grunde gehen mußte, weil er dem Papste nicht auch sein Land wieder gab. Auch Napoléon III. mit seiner frommen Eugenia, der doch nur den Krieg gegen Deutschland im Interesse der Unfehlbarkeit und der Jesuiten begann, der noch wenige Jahre vorher durch seine wunderthätigen Chassepots dem Papste Rom erhielt, soll nur deßhalb gestürzt worden sein, weil er die paar Regimenter, die er in Italien nicht halten konnte, aus Rom zurückrief. Und doch hatten die Geistlichen überall für ihn bei den Wahlen gestimmt, hatte der Papst selbst die französischen Waffen gesegnet und jetzt will man der Welt weiß machen, Napoleon sei gestürzt worden, weil er nicht noch mehr für die Geistlichkeit gethan. Glaubt Ihr den Unsinn? Ich will es Euch richtiger sagen, warum er gestürzt wurde: weil er den Jesuiten die Volkserziehung übergeben hatte und diese eine unfähige Nation herangebildet hatten."

„Hier in der andern Schmähschrift: „Kelle oder Kreuz" wird die Gesellschaft Jesu, welche ein Papst für gemeinschädlich und unchristlich erklärt und aufgehoben hat, als der reinste, uneigennützigste Orden gepriesen. Keine 200 Jesuiten gäbe es im ganzen deutschen Reich, ihre Macht sei ein Phantom, sie seien von allen Menschen die ohnmächtigsten. Das behauptet man, während die Jesuiten Papst und Kirche beherrschen, die sich eins mit ihnen erklären müssen, während kein Bischof, kein Professor an einer theologischen Facultät, kein Seminarlehrer angestellt wird, wenn er nicht an einer Jesuitenanstalt gebildet worden ist, während sie durch ihre Intriguen, ihr Geld, ihre Presse ganze Länder in Unruhe erhalten. Jeder Dorfkaplan ist jetzt ein Jesuit, er ist von der Lateinschule bis zu den Weihen mit Jesuitismus durchtränkt worden und wird auf der geistlichen Stufenleiter nie emporsteigen, wenn er sich nicht den Jesuiten mit Haut und Haar verschreibt. Denn, lieben Leute, nicht der Staatsgötze ist es, der den alten Gott von der Regierung des Himmels verdrängt hat, wer den bisherigen Weltenherrscher als entbehrlich abgesetzt hat, um als allerneuester Gott statt seiner unfehlbar die Erde zu regieren — das ist der Jesuitismus."

Mit diesen Worten verließ der Professor, freundlich grüßend, die verblüfften Bauern.

Die Jesuiten kommen nach Hattisheim.

Desselben Abends war Fritz Kraft mit seinen Freunden nach Hattisheim zurückkutschirt. Die Unterredung auf dem Heimwege war einsylbig gewesen und nicht minder kurz die Antwort, welche die Zurückgekehrten den Neugierigen gaben, die sie erwartet hatten, um über den Ausgang der Gerichtsverhandlung etwas Genaues zu erfahren.

Aber schon andern Tags sollte Fritz Kraft einigen Trost erhalten. Der benachbarte Baron von Hasenbraten, der Gründer der dortigen katholischen Bauernvereine, hielt es für seine Pflicht, bei Kraft vorzufahren, um ihm die Anerkennung der Partei für sein muthiges Auftreten und sein Märtyrerthum auszudrücken und ihm mitzutheilen, daß er als Belohnung dafür, als dritter Ersatzmann bei den nächsten Wahlen vorgeschlagen und auch durchgebracht

werden solle, so daß er unzweifelhaft in die
Kammer berufen werde, im Falle nämlich er,
der Baron Hasenbraten und die ersten Ersatz-
leute Fürst Strohbach auf Dummerwitz und
Graf Bauernschinder-Blumenberg das Zeitliche
segnen oder durch Krankheit am Kammerbesuch
verhindert würden. Kraft war ganz glücklich
und gehoben durch diese Aussicht und that
sein Möglichstes, den vornehmen Besuch auf's
Beste zu bewirthen und auch den Herrn Pfarrer zur Mahlzeit einzuladen.

Da zeigte sich nun, daß der Herr Baron
nicht allein deßhalb nach Hattisheim gefahren
war, um Herrn Kraft seine Anerkennung und
sein Beileid zu zollen, sondern daß er auch
Auftrag hatte, eine Anerkennungsadresse zu
Gunsten des Jesuitenordens nebst Protest gegen
die Anmaßungen des Protestantentags in Darm-
stadt von den Hattisheimern unterzeichnen zu
lassen. Der Entwurf war dem Baron vom
bischöflichen Ordinariat zugestellt worden mit
der Aufforderung, das Nöthige einzuleiten, damit von allen katholischen Gemeinden und Cor-
porationen solche Anerkennungsadressen unter-
zeichnet würden.

Der Pfarrer meinte, das würde keine
Schwierigkeiten haben, Fritz Kraft schüttelte
aber den Kopf und wünschte, die Adresse wäre
einige Tage eher gekommen, denn seitdem der
Professor in der Stadt so gegen die Jesuiten
losgezogen, wäre einer oder der andere Bauer

wankend geworden und hätte wohl auch schon
seine Zweifel den Nachbarn mitgetheilt. Doch
werde es trotzdem gehen, man müsse sich hinter
die Weiber stecken.

Der Baron schlug etwas noch besseres vor,
nämlich: eine Jesuitenmission zur Kräftigung
der wankenden Gemüther. Wenn nur erst ein
paar Tage lang Jesuiten im Orte gewesen,
würden alle Zweifel ausgerottet sein. Der
schwache Ortspfarrer, dem es klar war, daß
dieser Vorschlag ein Mißtrauen in seine eigene
Wirksamkeit voraussetze, wagte nicht, diesen
Vorschlag abzulehnen — aus Gründen.

Das Wetter war reizend und der Baron
ließ seinen Wagen vorausfahren und sich von
Kraft das Geleite bis zum „Hölzchen" geben,
wo er einsteigen wollte. Dort nahmen die bei=
den Vorfechter der katholischen Sache noch ein=
mal Platz auf einer verwitterten Bank und
Freiherr von Hasenbraten begann:

„Ich werde morgen Abend selbst nach der
Residenz fahren, um vom Cultusminister die
Erlaubniß zu holen zu einer Jesuitenmission
in Hattisheim. Der Minister hat die Gewohn=
heit, mit der Ertheilung einer solchen Erlaub=
niß oft längere Zeit Umstände zu machen, hat
aber noch nie Jesuiten bestraft, die ihre Wirk=
samkeit begannen, ehe diese Erlaubniß einge=
troffen war. Wenn ich daher, wie ich nicht
zweifle, auf meiner Reise disponible Missions=
prediger finde, zumal in Regensburg, wo ja

Hunderte von Jesuiten zu solchen Zwecken auf Lager gehalten werden, so will ich sie Ihnen senden mit einer einfachen Karte, worauf nichts weiter zu lesen als „Baron von Hasenbraten". Zwingen Sie dann den Pfarrer, diesen Jesuiten Kirche, Beichtstuhl, kurz die Pflege der Seelen auf einige Zeit unumschränkt zu überlassen, ohne Controle auszuüben, was die Herren Patres beleidigen könnte. Ich lege Ihnen das an's Herz, Herr Kraft, denn ich traue keinem Weltpriester ganz, sie sind doch alle mehr oder weniger den gescheidteren Jesuiten neidisch. In etwa acht Tagen bin ich aus der Residenz zurück, dann komme ich wieder nach Hattisheim. Bis dahin leben Sie wohl, lieber Herr Kraft — doch was ist das für ein Geräusch? Hat uns Jemand belauscht?"

Kraft blickte um sich und bemerkte allerdings ganz in der Nähe zwei Männer in grauen Joppen, die ihm fremd waren und als sie sich entdeckt sahen, anscheinend gleichgültig Birkenreißig abschnitten. Kraft wollte fragen, wer sie seien, doch der Baron hielt ihn zurück und bat ihn, bis zu seinem Wagen ihn zu begleiten, der in der Nähe wartete, worauf auch Kraft unangefochten auf sein Gut zurückkehrte.

Zwei Tage nach dem Besuch des Freiherrn, um die Mittagszeit, als Kraft eben vom Ritt über seine Felder zurückgekehrt war, erwartete ihn die Köchin des Pfarrers mit der Nachricht,

daß zwei ehrwürdige Väter von der Gesellschaft
Jesu im Pfarrhause angekommen und zu ihrer
Beglaubigung eine Karte des Baron von Hasenbraten an Herrn Kraft hätten. Die überaus
energische Haushälterin, die den schwachen Pfarrer ganz unter'm Pantoffel hielt, konnte nicht
umhin, in seinem Namen das Wort zu führen,
um Herrn Kraft den Text zu lesen, weil er
mit dem Baron sich verschworen, fremde Priester
in's Dorf zu bringen: „Das muß uns — um
alles Ansehen bringen, als könnten wir nichts",
begann sie mit funkelnden Augen, „und doch
wirkt unser Segen vielleicht besser als der der
Jesuiten und das Hochamt singen wir jeden=
falls auch so schön und billiger. Wenn man,
wie wir, eher die Weihen gehabt hat, als diese
Fremden, und schon zehn Jahre absolvirt hat,
so sollte man uns mit Helfern in Ruhe lassen.
Wir wollen zwar die Jesuiten in unser Haus
aufnehmen, obgleich unsere Zimmer nicht her=
gerichtet sind, aber zu ihrem Bedienten geben
wir uns nicht her, und das Messelesen lassen
wir uns auch nicht verbieten, wir lesen früh
um sieben und wer Jesuiten braucht, soll um
acht Uhr in die Kirch'."

Mit diesen Worten verließ die Pfarrers=
Xantippe ohne Gruß wüthend das Kraft'sche
Haus.

Dieser machte sich alsbald auf den Weg
und fand in der That im Pfarrhause bei einer
Flasche Wein, die der Pfarrer mit bittersüßer

Miene einschenkte, zwei Männer in der gewöhnlichen geistlichen Tracht ohne die charakteristischen Jesuitenhüte oder sonstige Auszeichnung. Gepäck hatten sie gar keines bei sich, und nur ein einziges Brevier; denn, wie sie sagten, waren sie in aller Eile von ihren Obern auf den Wunsch des Baron Hasenbraten hieher gesandt worden, um einstweilen die Mission vorzubereiten, bis der Fürst Langenöhringen-Piepenstein und der Prinz Krapuzzi-Lügenschnutzi, diese Zierden des Ordens, in Hattisheim eintreffen könnten.

Die ehrwürdigen Herren stellten sich nun selbst vor: der eine als Principe Kaspar Pratzolini, Italiener von Geburt, der aber seit seiner Jugend in Deutschland gelebt und frühzeitig in den Orden getreten war, so daß er seine Muttersprache schier verlernt hatte, und der andere als Georg Sachs, deutscher Jesuit, zur Zeit als Cooperator in Niederbergkirchen verwendet. Kraft faßte die Missionäre aufmerksam in's Auge und machte die stille Bemerkung, daß diese ehrwürdigen Herren auf alle Fälle zur streitenden Kirche gehören müßten; denn sie sahen eher rauflustigen oberbayerischen Bauernknechten gleich, als italienischen Principe, der Cooperator konnte übrigens wenig über 20 Jahre alt sein. Bei Beiden verriethen ihre aufgedunsenen rothen Gesichter nicht, daß sie sich der Kasteiung und geistiger Sammlung widmeten. Ihre Redeweise war auch nichts

weniger als eine gewählte, doch erklärte sich
Kraft dies damit, daß die Obern gerade solche
Prediger herausgewählt haben möchten, die
den Bauern eine recht verständliche Sprache
sprächen. Principe Prazolini übergab Kraft die
Karte des Freiherrn von Hasenbraten. Dieser
Name war so schlecht geschrieben, daß sich Kraft
über die geringe Schulbildung des Baron nicht
genug wundern konnte, da er aber wußte, daß
vor einigen Jahrhunderten unser Adel noch
gar nicht schreiben konnte und mit seinem
Schwertknauf unterzeichnete, sah Kraft in der
schlechten Schrift doch immer einen Fortschritt
gegen früher.

Die Jesuiten hatten den Schullehrer kommen lassen, um die Worte: „Rette deine Seele!"
mit Riesenschrift zu schreiben. Das Papier
sollte dann auf eine Stange befestigt und bei
dem Umzug durch die Felder getragen werden,
mit dem die Mission noch heute eröffnet werden sollte. Es waren auch schon viele Bauern
nach dem Pfarrhof gegangen, die Jesuiten zu
bitten, ihre Felder besonders zu segnen, auch
war eine Frau gekommen, von den geistlichen
Herrn etwas für Ihre verhexte rothe Kalbe sich
geben zu lassen, sie hatte 24 Kreuzer dafür der
Köchin zahlen wollen, aber diese warf zornig
das Geld auf den Boden mit den Worten: „für
einen solchen Bettel lesen wir nicht einmal
eine Meß" — las es aber später doch wieder auf.

3

Als der Lehrer die Schrift gefertigt hatte, bekam er Auftrag, die Glocken zu läuten, um den Beginn der Mission und des Wallgangs durch die Flur zu verkünden. Von den Weibern und Schulkindern hatten sich Alle, von den Bauern nur ein Theil eingefunden und sich unter Gesang in Bewegung gesetzt. Fritz Kraft mit noch drei angesehenen Mitgliedern des katholischen Bauernvereins trugen den Jesuiten die Schleppe. Diese, andächtig murmelnd, hielten von Zeit zu Zeit an, Felder zu segnen und, wie der Lehrer bemerkte, berücksichtigten sie nur solche, die recht gut gedüngt worden waren. „Sind diese Jesuiten schlau, dachte er bei sich, zu wissen, daß bei solchen Feldern ihr Segen am besten anschlägt. Ja, da hilft's Beten nichts, Mist muß her, wo nicht Mistus, ist nicht Christus."

Der Pfarrer war nicht mit dem Umzug gegangen, doch erwartete er seine Gäste bei der Rückkehr in's Dorf, um sie in's Pfarrhaus zurückzugeleiten; denn wenn er auch die Jesuiten nicht leiden konnte, fürchtete der schwache Mann doch den Zorn seiner Obern, falls er es an Aufmerksamkeit gegen sie fehlen ließe. Deßhalb ward aufgetragen, was Küche und Keller nur vermochten. Die hochwürdigen Herrn Jesuiten ließen es sich auch ausnehmend gut schmecken zum großen Verdruß der Jungfer Köchin, die sich nicht trösten konnte, daß „unsere" Sach' so verschwendet würde.

Wer weiß, wie lange die frommen Herrn noch gegessen und getrunken hätten, wäre nicht eine ganze Schaar alter Weiber beiderlei Geschlechts nach dem Pfarrhof geströmt, um sich auf die Kunde hin, daß die Langers-Ev einen lateinischen Spruch zum Einnehmen für's Vieh erhalten habe, damit dieses nicht verhext würde und brav Milch gäbe, auch solche Zettel geben zu lassen.

Nun war's mit dem Essen aus. Der Herr Cooperator von Niederbergkirchen hatte nichts zu thun, als fortwährend Zettel folgenden Inhalts zu schreiben:

tator

arepo

tenet

opera

rotat

Dieser mystische Spruch, der von vorn und hinten, von oben und unten gelesen der gleiche war, sollte von unfehlbarer Wirkung bei verhextem Vieh sein, wenn der Zettel zugleich mit geweihtem Wachs den Thieren eingegeben würde. Die Jesuiten zerschnitten zu diesem Zwecke einen grünen, in Rom geweihten Wachsstock und die Bauern entfernten sich sehr zufrieden damit, nachdem sie noch ihre Dankbarkeit durch zurückgelassene Geschenke bethätigt hatten. Nur die zuletzt Abgegangenen waren etwas in ihrer Zuversicht auf die unfehlbare Wirkung des Zauberspruchs und grünen Wachses erschüttert

worden, denn die Langer's-Ev war noch spät
in den Pfarrhof gekommen, den hochwürdigen
Herrn Jesuiten zu klagen, daß, seitdem sie ihrer
Kalbe den lateinischen Spruch und das geweihte Wachs zu essen gegeben, die Here das
Thier noch mehr herumschüttle, als zuvor. Die
Jesuiten beruhigten das Weib mit der Ver-
sicherung, daß es bei allen Teufelsaustreibun-
gen so sei, daß der böse Geist, ehe er den Be-
sessenen verlassen müsse, eine letzte verzweifelte
Kraftanstrengung mache, sich im Körper zu behaupten. Uebrigens erklärte der Cooperator sich
bereit, einen noch viel kräftigeren Spruch der
Frau mitzugeben, welcher das Ausfahren des
bösen Geistes ungemein beschleunigen werde.

Und der Cooperator nahm ein Blatt und
nach einigem Nachdenken schrieb er die kabba-
listischen Worte darauf:

lese rhi dies ella.

Die Bauern, die für gutes Geld den ersteren weniger kräftigen Spruch erhalten hatten,
waren der Langer's-Ev neidisch, und da diese
nicht freiwillig ihren Talisman den Andern
mittheilen wollte, riß ein entschlossenes Weib
ihr solchen aus der Hand und trug ihn, während die andern Weiber die Ev von einer Ver-
folgung abhielten, zum Schullehrer, der außer
dem Pfarrer allein im Ort lateinisch lesen und
schreiben konnte, damit er ihn abschreibe zum
Nutz und Frommen Aller und in's Deutsche
übersetze. Zu Ersterem erklärte sich der Lehrer

gerne bereit, Lateinisches übersetzen könne er aber nicht, wohl aber sei sein Sohn, ein Lateinschüler, auf Ferien hier, der das schon besorgen werde. Der junge Student, begierig seinem Vaterorte die ersten Proben seiner Gelehrsamkeit abzulegen, übernahm mit Freuden diesen Auftrag, vermochte aber schließlich den Bauern keine andere Auskunft zu geben, als daß dies der Tag heiße, die Bedeutung der andern Worte blieb ihm unbekannt, so eifrig er auch in seinem Wörterbuche darnach gesucht hatte.

„lese rhi dies ella!"

Was konnte das nun heißen? Nach langem Nachdenken wollte der Lehrer sehen, ob der zweite Zauberspruch, gleich dem ersten, auch von hinten gelesen derselbe blieb, und da lautete er zu seinem großen Erstaunen:

„Alle seid ihr Esel!"

Also das war der Kernspruch, der gegen Hexerei unfehlbar wirkte!

Entweder waren diese Jesuiten Spötter, oder Gauner, letzteres schien dem Lehrer, der jetzt verschiedene ihm aufgefallene Vorfälle erwog, namentlich die Unwissenheit in Betreff kirchlicher Gebräuche, die die Jesuiten bei dem Bittgang gezeigt, das Wahrscheinlichere, und er beschloß, obgleich der Cooperator, der morgen Messe lesen wollte, Schulknaben als Ministranten bestellt hatte, selbst zu ministriren, um sich zu überzeugen, ob der Jesuit ein rich-

tiger Priester sei und einstweilen dem einzigen vernünftigen Mann im Dorf, seinem Nachbar Flunk, seinen Verdacht mitzutheilen.

Andern Morgens in aller Frühe strömten die Weiber zu den Beichtstühlen der Jesuiten, ihnen Generalbeicht abzulegen. Wie man erfuhr, waren die geistlichen Herrn sehr milde Beichtväter und absolvirten Alle, die sich zu einem Opfer für den gefangenen Papst bereit erklärt hatten. Darauf theilten sich die ehrwürdigen Herrn in die Arbeit des Tages derart, daß der Herr Cooperator von Niederbergkirchen das Messelesen, der Herr Principe Prätzolini die Predigt übernahm. Der Lehrer, der ministrirte, beobachtete Ersteren sehr aufmerksam und bemerkte, daß er zwar das Messelesen und Latein gelernt zu haben schien, doch verschiedene und grobe Verstöße beging. Was den Prediger betraf, so war sein Thema: die Schrecken der Hölle und die Gefangenschaft des Papstes. Die furchtbaren Oertlichkeiten der Hölle, die dortige unausstehliche Temperatur und Kost, die entsetzlichen Qualen, mit denen die erfinderischen Teufel die armen Seelen zur Verzweiflung bringen, der gräßliche Durst, den man bei der Hitze eine ganze Ewigkeit und noch darüber zu leiden hat, wußte der Principe mit einer solchen Orts- und Sachkenntniß zu schildern, als wäre er schon mehrmals dort gewesen. Dann ging er auf die Gefangenschaft des Papstes über, der in einem kleinen weiß-

getünchten Zimmer eingeschlossen, schon längere
Zeit nichts Warmes mehr genossen habe und
auch kein Geld habe, sich aus einem römischen
Kosthause etwas holen zu lassen, da ihm der
König von Italien sein Portemonnaie geraubt
habe. Jedermann, der dem Papste in seiner
jetzigen schlimmen Lage beispringe, indem er
ihm entweder Geld oder Lebensmittel (Schinken und sonstiges geräuchertes Fleisch, welches
er gern speise) schicke, werde Ablaß und der-
einst sicheren Eingang in den Himmel erhalten,
da Christus das, was an seinem Stellvertreter
geschehe, als an sich geschehen betrachte. Mädchen möchten ihren Schmuck und wenn sie
nichts anders hätten, ihre Zöpfe abliefern. Er,
der Prediger, Prinzipe Prazolini, der mit dem
Papste ganz vertraut sei und erst unlängst
Kaffee mit ihm getrunken, werde heute Mittag
im Hause des Fritz Kraft alle Geschenke für
den Papst in Empfang nehmen und den Namen
jedes einzelnen Gebers darauf schreiben, damit
Seine Heiligkeit Jedem besonders seinen Segen
schicken könne."

Diese Predigt und die Ermahnungen im
Beichtstuhl waren von ungeheuerer Wirkung.
Den ganzen Nachmittag stürmten Weiber und
Mädchen nach der Wohnung des Fritz Kraft,
die der Jesuit zu diesem Zwecke sich auserlesen,
da er der Köchin des Pfarrers mit Recht nicht
traute, um daselbst Geld, Schinken, Goldschmuck
für den Papst abzugeben. Selbst zwei Haar-

zöpfe fielen der heutigen Predigt zum Opfer.
Der Jesuit nahm Alles an, freundlich im Na=
men des Papstes dankend. Geld und Schmuck
steckte er zu sich, das Fleisch ließ er in einige Säcke
füllen und bat Fritz Kraft, ihm bei der Abend=
dämmerung den Wagen einspannen zu lassen,
damit er diese Geschenke noch heute in die nahe
Stadt zur Weiterbeförderung nach Rom über=
geben könne, da die Statuten seines Ordens
ihm nicht erlaubten, Geschenke über Nacht zu
behalten. Daß Fritz Kraft diesem Wunsch be=
reitwillig entsprach und bei einbrechender Dun=
kelheit den Jesuiten mit seinen Schätzen, denen
er selbst einige Goldstücke zugefügt, nach der
Stadt fahren ließ, versteht sich von selbst.

Als dem andern Jesuiten die Abreise seines
Ordensbruders nach der Stadt mitgetheilt
wurde, verrieth er unverkennbare Unruhe, ob=
gleich der Principe hinterlassen hatte, daß er
in einigen Stunden wieder zurück sein werde.
Der „Principe" hatte übrigens sehr klug daran
gethan, seine Schätze noch desselben Abends in
Sicherheit zu bringen. Anderen Tages wäre es
ihm schon nicht mehr so leicht geworden; denn
es traten Ereignisse ein, die den verständigeren
Theil von Hattisheim mit großem Mißtrauen
gegen die Jesuiten erfüllten.

Die rothe Kalbe der Langer's=Ev hatte
nämlich das Zeitliche gesegnet, und der Thier=
arzt, den das thörichte Weib erst geholt hatte,
nachdem die Zaubersprüche des Jesuiten nicht

gewirkt, hatte rundheraus erklärt, daß die To-
desursache des Thiers das giftige Schweinfurter
Grün sei, mit welchem der geweihte Wachsstock
gefärbt war, von dem es einen Theil hatte
verschlucken müssen.

Da noch viele andere Bauern ihrem Vieh
solches Wachs als Mittel gegen Hexerei gegeben hatten, so fürchteten auch diese jetzt für
ihre Kühe und gingen nach dem Pfarrhof, den
Jesuiten zur Rede zu stellen. Sie waren um
so wüthender, als Flunk ihnen gesagt, daß der
Zauberspruch von hinten gelesen, nichts ande-
res heiße, als:

„Alle seid ihr Esel!"

Es bedurfte aller Beredsamkeit des Pfarrers, der, so gern er und seine Köchin auch
eine Demüthigung der Jesuiten gesehen hätten,
doch um keinen Preis seinen Gast im Pfarrhause beleidigen lassen wollte, die zürnenden
Bauern abzuweisen, die dann um so lärmender
nach dem Wirthshause zogen, um über die
Jesuiten zu schelten und das thörichte Weibs-
volk, das ihnen so viel angehängt habe.

Dort war ein Weber, der zur Zeit der
Jubelfeier des Papstes mit noch einigen Gesellenvereinlern freie Fahrt bis Rom erhalten
hatte, um dort als Deputation aufzutreten.
Er spottete über die Predigten der Jesuiten:
der Papst lebe in keiner engen Stube, sondern
in dem geräumigsten, herrlichsten Palaste der
Welt mit den schönsten Gärten und Kunstwerken

und Niemand verhindere ihn, auszugehen, wohin er wolle. Was seine Armuth betreffe, so erhalte er außer den Millionen, die er jährlich vom Staate Italien beziehe, hunderte von andern Millionen als Peterspfennige aus allen Erdtheilen, so daß er jetzt noch der reichste aller Monarchen sei, aus Uebermuth sich Throne von purem Golde bauen lasse, Gelder und die kostbarsten Paramente als Geschenke nach Frankreich sende, kurz nicht wisse, wie er das viele Geld verschwenden sollte. Die Römer aber seien froh, jetzt einem geregelten Staate anzugehören, und nicht länger von Priestern ausgebeutet zu werden und der Empfang, die Behandlung der deutschen Pilger dort sei voll Hohn, Spott und Beleidigung gewesen, so daß jeder Deutsche sich geeilt habe, zurückzukehren. Wer Rom gesehen habe, bekomme ganz andere Gedanken über die weltliche Macht des Papstes, und betrachte es als Glück, daß diese jetzt aufgehört habe. Es sei ein frevelhafter Unsinn von den Jesuiten, Deutschland zum Krieg gegen Italien zu hetzen, um eine Herrschaft der Priester wieder aufzurichten, von der Niemand mehr was wissen wolle." Die Bauern gaben dem Weber Recht und die Aussichten auf recht zahlreiche Unterschriften unter die Adresse zu Gunsten der Jesuiten, die Kraft bisher gehegt hatte, sanken jetzt bedeutend.

Wer die Jesuiten waren.

Doch waren die Hoffnungen dieses Vor-
kämpfers der Jesuiten-Sache noch nicht ganz
geschwunden. Morgen, am Sonntag, konnte ja
alles wieder gut werden. An diesem Tage, den
Kraft kaum erwarten konnte, sollten ja nach
den Versicherungen der beiden Jesuiten die ersten Zierden ihres Ordens: der Fürst Langenöhringen-Piepenstein und der Prinz Krapuzzi-
Lügenschnutzi mit Freiherrn von Hasenbraten
in Hattisheim eintreffen. Kraft hatte alles vor-
bereitet, die Gäste ihrem hohen Stande gemäß
zu empfangen. Hühner und Gänse waren ge-
schlachtet, aus der Stadt Zuckerbäckereien und
feine Weine bestellt, die schönsten Zimmer in
Kraft's Haus zu ihrem Empfange hergerichtet
und mit Blumen geschmückt worden; denn
Kraft wollte sich die Ehre, Prinzen und Fürsten unter seinem Dache zu bewirthen, etwas
kosten lassen. Auch die Kirche ward mit Blumen und Fahnen geschmückt, von ihrem Thurme
wehte die gelbe Papstflagge, die Kraft gestiftet
hatte, und vor der Thüre erhob sich ein großer
Triumphbogen mit der Aufschrift: „Willkom-
men!" Das ganze Ort war schon am frühen
Morgen auf den Beinen und die Dorfjugend
lief eine halbe Stunde weit der Landstraße
entlang, denn jeder wollte zuerst den Wagen
sehen, der die fürstlichen Jesuiten enthielt und
die Kunde davon in's Dorf bring n.

Doch es schlug acht Uhr, es schlug halb neun — kein Wagen wollte erscheinen. Fritz Kraft und seine Anhänger wurden unruhig. Sollte ein Unfall, ein unvorhergesehenes Hinderniß die Ursache der Verspätung sein? Aber dann hätte doch wohl Baron Hasenbraten ein paar Zeilen geschrieben. Kraft's eigener Wagen, der gestern Abend den Jesuiten mit seinen Schätzen zur Stadt gebracht, war auch noch nicht zurück. Jedenfalls wartete auch er auf die fürstlichen Jesuiten, um sie mitzubringen. Kraft mit einigen Mitgliedern des Ortsausschusses begab sich nun in's Pfarrhaus, mit dem Pfarrer und dem dortigen Jesuiten Raths zu pflegen. Auf dem Wege dahin strafte er die höhnischen Blicke Flunk's und die boshaften Bemerkungen anderer Ortsnachbarn, deren Vieh vom Genusse des geweihten Wachses sehr bedenklich darniederlag, mit stiller Verachtung.

Im Pfarrhause angekommen, wartete Kraft's eine neue Ueberraschung. Als die Köchin vor einer Viertelstunde den Jesuiten, der länger wie gewöhnlich zu schlafen schien, zum Kaffee einlud, bekam sie keine Antwort und als sie das Zimmer öffnete, fand sie, daß es leer war, der Jesuit sich entfernt hatte und, o Schrecken! nicht ohne eine Uhr des Pfarrers und aus einem gewaltsam geöffneten Pulte eine Summe Geldes mitgenommen zu haben. Das Zetergeschrei, das die Köchin nun aufschlug, war großartig und Fritz Kraft kam ihr gerade recht,

um das ganze Gewitter auf sein Haupt abzu-
laden, die Vorwürfe, daß er nöthig habe,
fremdes italienisches Lumpengesindel in's Dorf
zu bringen, um den Herrn Pfarrer in Schatten
zu stellen, daß er nun den Schaden ersetzen
könne u. s. w., wollten kein Ende nehmen.

Wie gern hätte Kraft Alles ersetzt, wenn
er nur die furchtbare Blamage hätte vertuschen
können! Aber wie ein Lauffeuer hatte sich die
Kunde durch's Dorf verbreitet: die Jesuiten
waren Spitzbuben, haben den Pfarrer bestohlen
und sind durch — und die Mädchen und Weiber, die ihren Schmuck und ihre Zöpfe den
Jesuiten geopfert, die Bauern, die ihren Kühen
geweihtes Wachs gegeben, waren nun dem bit-
tersten Spott ausgesetzt.

"Aber, sprach Kraft zum Pfarrer, wie kann
uns der Herr Baron v. Hasenbraten Missionäre
empfehlen, die nicht unbescholten sind?"

Das Räthsel sollte sich bald lösen, denn
eben kam der Postbote, der Kraft umsonst zu
Hause gesucht hatte, in's Pfarrhaus, um sich
ein Schreiben bescheinigen zu lassen, das aus
der Hauptstadt eingetroffen war. Kraft erbrach
es hastig und las:

"Werther Freund! Unterlassen sie einstweilen alle Vorbereitungen zur Jesuitenmission, da der Minister trotz meiner dringend-
sten Vorstellungen mir die Bewilligung derselben rundweg abgeschlagen hat. Näheres
mündlich. v. Hasenbraten."

Kraft ging nach Hause, die Unterschrift
unter der Karte mit dieser unter dem Briefe
zu vergleichen. Es war eine ganz verschiedene.
Die angeblichen Jesuiten hatten sich selbst die
Legitimation geschrieben.

Und wer waren sie denn?

Der inzwischen leer zurückgekehrte Kutscher
Krafts konnte keine nähere Auskunft geben.
Der Jesuit ließ ihn bei einem Wurstler halten,
wo er die Säcke mit den Schinken für den
Papst wahrscheinlich verkaufte, dann fuhr er
mit ihm in ein Gasthaus, wo er mit den Pfer-
den übernachten sollte, da der Jesuit wegen
der morgigen Mission noch verschiedene Ge-
schäfte in der Stadt zu besorgen hatte, wie er
wenigstens vorgab. Aber als der Kutscher sich
des Morgens nach seinem Passagier erkundigte,
wußte Niemand was von ihm, er war des
Abends weggegangen und nicht mehr ins Gasthaus zurückgekehrt, so daß der Kutscher ohne
ihn nach Hattisheim zurückkehren mußte.

Es waren also Gauner — diese Jesuiten,
so viel war nun klar — und als Kraft etwas
nachdachte, hielt er es für möglich, daß vielleicht jene zwei Vagabunden, die im Hölzchen
sein Gespräch mit dem Baron belauscht hatten,
die Gelegenheit günstig gefunden hätten, als
Jesuiten sich Geld zu machen.

Und so war es auch.

Der Gottesdienst ward ohne den Prinzipe
Krappuzi und Compagnie vom Dorfpfarrer ge-

halten, der sich die Gelegenheit nicht nehmen
ließ, in seiner Predigt triumphirende Seiten=
hiebe auf eingebildete Laien, die sich in geist=
liche Dinge mischten, fallen zu lassen und den
Wunsch auszudrücken, daß man die Pflege der
Seele für alle Zukunft da belassen möge, wo
sie so lange gut aufgehoben gewesen sei.

Kraft mit seinen Gesinnungsgenossen hatte
nach der Kirche, vom Triumphbogen an bis
in sein Haus förmlich Spießruthen zu laufen,
so wurde er von bissigen Reden und spöttischen
Blicken verfolgt.

Mittags sollte er erfahren, wer die angeb=
lichen Jesuiten gewesen; es kam ein Gensdarm
zum Vorsteher mit der Bitte um Späße nach
zwei gefährlichen Vagabunden, von denen der
eine ein Bauernknecht aus Orthofen bei Mühl=
dorf sei, Namens Georg Berger, der, weil er das
Messelesen irgendwo gelernt habe, sich für einen
Cooperator ausgebe. Der andere Gauner, der
ihn begleite, sei noch gefährlicher, er sei der in
München entsprungene Räuber Pascolini. Beide
hätten in einer 5 Stunden entfernten Pfarrei
ein Brevier und geistliche Kleider gestohlen.
Es fand sich nun, daß das vom angeblichen
Cooperator im Pfarrhaus zurückgelassene Brevier wirklich das gestohlene war. Die Auf=
regung war nun groß in Hattisheim, weil man
dem Räuber Pascolini gebeichtet und so viele
Peterspfennige gespendet hatte! Noch größer
ward sie, als noch desselben Tags zwei der

schönsten Milchkühe am geweihten Wachs ver=
endeten. Mit dem Einfluß Kraft's bei Wah=
len war es nun vorbei und als dieser schüch=
tern nach einigen Wochen, als er die Sache
etwas verraucht glaubte, zum Bürgermeister
kam, ihn zu bitten, seinen Namen zuerst unter
eine Adresse zu Gunsten der Jesuiten zu setzen,
sprach Dieser: „Lieber Kraft, das thu' ich nicht,
von dem allerneuesten Gott, dem Jesuitismus,
will ich nichts wissen, wenn Sie aber mit einer
Adresse zu mir kommen werden, die eine bessere
Schulbildung verlangt, dann unterschreibe ich
und die ganze Gemeinde mit Freuden; denn
wir haben gesehen, wie nöthig eine solche ist,
um nicht von jedem Spitzbuben ausgebeutet
zu werden. Der Lehrer war allein der Ge=
scheidte, wir Andern waren Alle Esel ohne Aus=
nahme, Herr Kraft, die Spitzbuben hatten Recht!"
Und Kraft ging beschämt nach Hause und fand
im ganzen Ort keine sechs Unterschriften.

Wenige Wochen darauf las man in den
Blättern, daß der Räuber Pascolini, als er sich
gegen Gensdarmen, die ihn fangen wollten, zur
Wehre setzte, tödtlich verwundet wurde. In der
That fand man bei ihm noch etwas Schmuck
und die zwei Zöpfe, die er noch nicht hatte ver=
kaufen können, und die vom Gerichte ihren Eigen=
thümerinnen wieder zurückgegeben wurden.